Nizza

Reiseführer

Der perfekte Reiseführer für einen unvergesslichen Aufenthalt in Nizza inkl. Insider-Tipps und Packliste

Charlotte Poth

✈ INHALT

Anreise

Stellen Sie sich vor: Sie starten im noch kalten deutschen Frühjahr mit dem Auto in Richtung Süden. Sie passieren die wahrscheinlich schneebedeckte Schweiz, fahren über Milano und Genua durch Italien und dann liegt es auf einmal vor Ihnen, das azurblaue Meer. Palmen säumen die Straßen, Orangen- und Zitronenbäumchen leuchten als orangegelbe Farbkleckse dazwischen.

Der Frühling ist da. Die Einheimischen tragen vielleicht noch Daunenjacken, doch es lässt sich schon sehr gut im T-Shirt draußen aushalten. Deshalb öffnen Sie das Fenster Ihres Autos und wünschen sich ein Cabrio, während Sie an der Küste entlang über gewundene Straßen nicht nur Menton, sondern auch Monaco und Villefranche-sur-Mer hinter sich lassen, um nach gut einer Stunde Fahrtzeit ab der italienischen Grenze Nizza zu erreichen.

Genauso wundervoll kann es sein, über die schneebedeckten Gipfel der Schweizer Alpen zu fliegen und am kleinen Flughafen Nizzas sicher zu landen. Dieser Flughafen befindet sich ganz im Westen der Metropole an der Küste. Man könnte die Stadt fußläufig erreichen, wenn man gut zu Fuß ist. Denn man muss nur auf der berühmten Strandpromenade, der „Promenade des Anglais", in östliche Richtung laufen.

Diese Strecke lässt sich natürlich einfacher mit Bus oder Straßenbahn zurücklegen – vor allem mit Gepäck. Die Tramlinie 2 fährt alle 20 Minuten in Richtung Zentrum und braucht bis zur Endhaltestelle Jean- Médecin circa 25 Minuten. Sie finden die Haltestellen am Flughafen vor Terminal 2, Gate A2 und Terminal 1, Gate A0. Auf dem Rückweg, an den jetzt noch niemand denken will, nehmen Sie die Straßenbahn Richtung Aeroport. Alternativ können Sie die Strecke auch mit dem Bus zurücklegen. Der Bus Aeroport Direct pendelt zwischen Flughafen und Innenstadt.

Wir leben in einer Zeit, die uns auch an die Umwelt denken lässt. So kommt es für Sie vielleicht in Frage, mit dem Zug von Deutschland aus nach Nizza zu fahren. Hier gibt es tolle Angebote! Auf der Internetseite **www.oui.sncf.de** findet man vor allem als Frühbucher günstige Angebote von verschiedenen großen Städten Deutschlands aus.

Günstiger ist zwar die Fahrt mit einem Fernbus, dafür dauert es bei dieser Reiseart etwas länger, bis Sie die wärmenden Sonnenstrahlen auf der Haut spüren. Da Sie jedoch keinen Stress mit dem Umsteigen haben, kann auch diese umweltfreundliche Alternative, genauso wie eine Reise mit einer Mitfahrgelegenheit im PKW, für so manchen interessant sein.

Jedoch ganz gleich wie Sie Ihre persönliche Anreise gestalten, nun haben Sie erst mal ein paar Tage Zeit, Nizza von seinen schönsten Seiten zu entdecken.

Die Region Alpes-Maritimes

Nizza liegt, malerisch eingebettet zwischen dem Fluss Var und dem Berg Mont Boron, am französischen Mittelmeer, der Côte d´Azur. Die Region Alpes-Maritimes ist eine Gegend, die vom milden Klima des Mittelmeers im Süden profitiert und deren „Rücken" durch die Berge, den Ausläufern der Alpen, gestärkt wird. Diese „Seealpen" bilden die natürliche Grenze zu Italien im Osten. Im Westen grenzt die Alpes-Maritimes an das Département Haute-Var und im Norden an das Département Alpes-de-Haute-Provence.

Nizza ist die Hauptstadt des Département Alpes-Maritimes und liegt nicht weit entfernt vom Fürstentum Monaco. Weitere bekannte Städte der Region sind Cannes und Grasse, die Parfümstadt.

In Nizza wird zum Teil noch der Dialekt Nissart gesprochen, der der seinen Ursprung in der okzitanischen Sprache hat. Bis 1860 war die Amtssprache in Nizza italienisch. Da noch immer viele Italiener in die Region einwandern, ist auch diese Sprache oft zu hören.

Das Klima im Département Alpes-Maritimes ist mild und sonnig. Schon früh im Jahr, ab Mitte März, lassen sich viele Sonnenstrahlen genießen und im Sommer lädt das Meer mit Temperaturen um die 23° Celsius zum Baden ein. Im Frühjahr und Winter ist das Wasser deutlich frischer. Temperaturen um die 14° laden zum Spazierengehen am Strand ein, der mit Milliarden vom Wasser rund geschliffenen Steinen bedeckt ist. Doch so manchen Hartgesottenen zieht es auch bei diesen Temperaturen ins kühle Nass – vorausgesetzt, der Himmel ist wolkenlos und die Sonne hat Kraft.

Bis weit in den November hinein lohnt sich ein Trip nach Nizza. Bestimmt lohnt er sich auch im Dezember, Januar oder Februar, dann aber muss man mit deutlich kühleren Wasser- und Lufttemperaturen rechnen. Diese drei Monate sind manchmal verregnet und es kann sein, dass sich die Sonne versteckt.

Das Wappentier des Département ist nicht umsonst der Steinadler, der über drei Bergspitzen und dem blauen Meer thront. Bis heute leben diese stolzen Tiere neben Wölfen und Gämsen im Nationalpark Mercantour im Hinterland auf einer Fläche von 200.000 Hektar.

Diesen Nationalpark kann man erkunden. Ja, man kann sogar auf dem Sentier de la Grande Randonée, dem längsten Weitwanderweg Frankreichs, Nizza zu Fuß „erobern".

Sport!

Zu Fuß:

Über den „Sentier de la Grande Randonnée", kurz GR5, ist neben vielen kleinen Routen im Mercantour-Nationalpark Nizza auf einem spektakulären Weg zu erreichen. Der Weg führt von der deutschen Nordsee über die Niederlande, Belgien und die Schweiz und bedürfte wohl eines eigenen Reiseführers.

Doch wie gesagt, auch wenn Sie weniger geübt sind, jedoch auf lange oder auch anspruchsvolle Wanderungen oder Spaziergänge nicht verzichten möchten, können Sie in den Alpes-Maritimes einiges erkunden! Ich weiß noch, wie stolz ich war, als ich den ersten Berg erklommen hatte - im Alter von sechs Jahren -, und wie ich die Aussicht genossen habe. Bis zum Meer konnte man blicken. Somit sind solche Ausflüge, gut ausgestattet mit dem richtigen

Schuhwerk, genügend Wasser und einem Picknick auch etwas für Kinder - jedoch bitte ohne Kinderwagen.

Seealpen: Alpes-Maritimes: Mercantour - Merveilles. 49 Touren. Mit GPS-Tracks (Rother Wanderführer).

Die Seealpen: Naturparkwanderungen zwischen Piemont und Côte d'Azur (Naturpunkt).

In diesen beiden Wanderführern finden Sie Routen für Tagesausflüge im Mercantour-Nationalpark und darüber hinaus. Sie brauchen jedoch ein Auto, um den Park zu erreichen. Alternativ ist auch die Anreise mit dem Bus, dem Taxi oder dem Zug oder einer Kombination aus diesen drei möglich.

Ein Bus startet an der Haltestelle Verdun, fährt über den Flughafen (Station Promenade) und gelangt nach 2,5 Stunden Fahrt ans Ziel.

Auf seinem Weg nach Norden, am Fluss Var entlang, durchqueren Sie - im Bus oder Auto - einige der kleinen Dörfer des Hinterlandes, in denen sich nicht selten Künstler niedergelassen haben. Auch diese sind einen Trip wert.

Doch wer lieber in Küstennähe bleiben möchte: die Promenade Nizzas ist vom Flughafen bis zum

Hafen 9 Kilometer lang und lädt zum Flanieren, Radeln oder Inline-Skaten ein. Es gibt ein System von Leihfahrrädern auf der gesamten Strecke der Promenade, hierfür braucht man allerdings eine Kreditkarte. Näheres finden Sie unter https://www.id-provence.com/fahrradverleih-nizza.html. Denn Nizza hat ein Streckennetz mit Radwegen von über 60 Kilometern Länge und auch viele private Fahrradverleihe.

Im Wasser:
Wer würde an einem heißen Sommertag nicht eine Abkühlung im Meer als sehr attraktiv bezeichnen? Schwimmen ist in Nizza hauptsächlich in den Monaten von Mai bis Oktober angesagt. Außer man trägt einen Neoprenanzug wie die vielen Windsurfer, die fast das ganze Jahr über in den Buchten der Côte d´Azur über die Wellen gleiten. Vom Surfbrett aus sehen Sie die schneebedeckten Alpen. Der beste Surfspot in Nizza ist La Californie im Westen der Stadt. Aber auch Cannes, Antibes oder Menton sind einen Surfausflug wert und nach dem Ritt, der für Anfänger und Profis gleichermaßen erfolgreich sein kann, geht es ab ins wilde Nachtleben der dafür bekannten Region!

In den letzten drei Jahrzehnten hat sich nicht nur in der Unterwasserwelt, sondern auch unter

Urlaubern herumgesprochen, dass die Côte d´Azur ein sehr reizvoller Ort zum Tauchen ist. Seeigel, Zackenbarsche Schiffswracks: das alles und noch mehr können Sie hier beobachten und erforschen.

Anlaufstelle für Interessierte ist die Exploration in Marine Diving : 14 Quai des Docks, 06300 Nice. Es gibt noch viele weitere kleine Tauchschulen in den Städtchen an der Küste.

Wer noch nicht genug hat oder aber wer die Unterwasserwelt mit seinen Kindern trockenen Fußes erkunden möchte, für den ist vielleicht ein Trip ins Sealife-Aquarium in Monaco das Richtige.

In der Luft:

Ebenfalls in Monaco, in Menton oder dem dafür bekannten Ort Sospel im Hinterland ist es für Anfänger und Fortgeschrittene möglich, Flugstunden im Gleitschirmfliegen zu buchen oder als Profi alleine, von der günstigen Thermik getragen, einen wunderschönen Gleitschirmflug zu erleben.

Start ist einer der circa 1000-3000 Meter hohen Berge der Seealpen. Die Landung gelingt Ihnen sicherlich an einem der Strände auf den Kieselsteinen.

Auch vom Erdboden aus ist es immer wieder faszinierend, den Gleitschirmfliegern zuzuschauen. Und manch einer kommt dabei ins Träumen …

Erster Tag in Nizza

Nehmen Sie sich einen Tag frei und fahren nach Nizza - wenn auch nur in Gedanken! Was möchten Sie erleben? Bestimmt wollen Sie unbedingt einen Spaziergang entlang der Promenade machen. Der dauert circa 2,5 Stunden vom Flughafen bis zum Hafen. Da haben Sie ja noch genügend Zeit, in einem schönen Restaurant einzukehren und ein paar Sehenswürdigkeiten entlang der sogenannten Engelspromenade zu besichtigen.

Sie starten also, ausgestattet mit Rucksack und Fotoapparat, am Parc Phoenix: Der liegt nur 20 min vom Flughafen entfernt und hier machen Sie gleich eine Stippvisite! Der Parc Phoenix hat von 9.30 Uhr bis 19.30 Uhr geöffnet und obwohl er so nah am Flughafen liegt, ist er eine Oase der Ruhe. Hier gedeihen verschiedenste tropische oder heimische Pflanzenarten, es gibt auch eine Orchideensammlung.

Auch Kängurus, Schildkröten und Pelikane wollen von Ihnen in Augenschein genommen werden und vielleicht gelingt ja ein Schnappschuss.

Auf 7 Hektar bieten sich 20 Themengärten und das für nur 3 € pro Person. Kinder bis 12 Jahre haben freien Eintritt. Erwähnenswert ist noch, dass in diesem botanischen Garten das größte Gewächshaus und damit auch die größte Sammlung exotischer Pflanzen aus 6 verschiedenen Klimazonen beherbergt ist. Außerdem lohnt sich ein Besuch im angrenzenden Musée Asiatique, einem modernen Bauwerk ganz aus Marmor auf einer Insel in einem künstlich angelegten See im Parc Phoenix.

Kenzo Tange, der Architekt des Musée Asiatique, beschrieb seinen Bau mit folgenden Worten:

„Dieses Museum ist ein Schwan, der auf dem Wasser eines ruhigen Sees inmitten einer üppigen Vegetation an der Mittelmeerküste schwimmt. In meinem Geist stellt dieses Museum ein ‚ganz weißes‘ Schmuckstück dar, das über der Côte d'Azur erstrahlt."

In diesem Museum findet sich die heilige Geometrie des Fernen Ostens, es erinnert an ein tibetanisches Mandala und auch ein Hauch Buddhismus ist zu spüren, wenn man über die freischwebende Wendeltreppe das obere Stockwerk erreicht.

Im Parc Phoenix kann man sicher einen halben Tag verweilen, doch Sie möchten an diesem sonnigen Traumtag ja noch andere Wahrzeichen Nizzas erleben, darum wandern Sie an der Uferpromenade weiter in Richtung Hafen. Sie lassen den berühmten Surfspot „La Californie" hinter sich. Es bietet sich an, einige Zeit direkt am Strand auf den Kieselsteinen zu laufen und tief die salzige Seeluft einzuatmen und sich vielleicht auch mal die Schuhe auszuziehen und die Füße mit Wasser umspülen zu lassen.

Da die nächsten Sehenswürdigkeiten erst nach 1,5 Stunden Fußmarsch zu erreichen sind, könnten Sie in einer der vielen Strandbars einkehren. Spity Beach bietet mediterran-französische Küche, ist für Vegetarier geeignet und Sie sitzen auf gemütlichen Lounge-Sofas. Wenn Sie allerdings von hier aus noch circa 20 Minuten weiter gehen, das Hard-Rock-Café passieren und am Quai des États-Unis, in den die Promenade des Anglais übergeht, in das Vieux Nice abbiegen, haben Sie gleich zwei Hand voll kleiner und uriger Bars, die zu einem wahrscheinlich günstigeren und vielleicht besseren Mahl einladen. Allerdings ohne Strandfeeling.

So oder so lohnt sich ein Abstecher ins Vieux Nice, in die Altstadt. Doch vielleicht besser an einem anderen. Denn heute wollen Sie noch den Schlosshügel besteigen, am Hafen entlang spazieren und die Grotte du Lazaret besichtigen. Also kein Grund zur Enttäuschung.

Der Schlosshügel ist über eine Treppe zu erreichen, die sich an den Felsen entlang windet, über einen Aufzug oder über die Montée du Chateau im hinteren Teil der Altstadt. Dieser Weg ist mit vielen Pflanzen geziert und wenn man oben am sogenannten Schloss ankommt, wird man erstaunt sein. Denn hier warten nur die Überreste der einstigen Anlage. Schon im Jahr 1706 wurde das Schloss zerstört. Ein Pinienwäldchen, in dem Friedrich Nitzsche gerne spazieren ging, und ein Friedhof mit christlichen, jüdischen und arabischen Gräbern sind hier oben zu finden. Da der Colline du Chateau 90 Meter hoch ist, hat man hier einen wunderschönen Ausblick über die Altstadt und die See.

Der Quai des Ètats-Unis geht in den Quai Rauba Capeu und dann in den Quai Lunel über, der zum Hafen führt. Hier gibt es Segelboote und Yachten und hier können Sie die Fahrt mit einem der

Ausflugsboote buchen. Allerdings nicht für den selben Tag. Aber Sie möchten bestimmt gerne wieder kommen.

Um bei der letzten Sehenswürdigkeit dieses ereignisreichen Tages anzukommen, gilt es, die Hafenanlage zu umrunden. Am Fuße des Mont Boron auf dem Boulevard Franck Pilatte liegt sie: die Grotte du Lazaret. Der archäologische Guide, den Sie vorab buchen können (das ist aber kein Muss), wartet schon. Er wird Ihnen erklären, wie das war, als die ersten Menschen vor 200.000 Jahren in dieser Region siedelten, welche Funktion diese Grotte im Speziellen hatte und was für großartige Funde man hier gemacht hat. Wer wusste wohl vorher, dass Nashörner und Panther hier lebten? Eine nachgebildete Hütte rundet das Erlebnis ab.

Wer jetzt nicht müde ist, hat ja immer noch Zeit, in eine der vielen Bars am Hafen oder in der Altstadt einzukehren, natürlich erst, nachdem er den Sonnenuntergang über dem Meer gesehen hat.

Wenn Sie aber verständlicherweise müde sind, wäre wohl jetzt der richtige Zeitpunkt, nach einer geeigneten Übernachtungsmöglichkeit zu suchen.

Zum Glück gibt es da in Nizza vom kleinen, aber feinen Hotel über den 5-Sterne-Palast auch jede Menge Hostels und auch Campingplätze!

Schlafen wie Gott in Frankreich

An der Strandpromenade, der Promenade des Anglais, reihen sich viele palastartige Hotelbauten aneinander. Wenn Sie sich für einen dieser teuren Aufenthaltsorte interessieren, empfehle ich Ihnen, das Reisebüro Ihres Vertrauens aufzusuchen. Es ist sicher toll, wenn Sie morgens auf ihrem Balkon Richtung Süden stehen und das Glitzern des azurfarbenen Meeres überwältigend erscheint. Außerdem sind Sie, wenn Sie einen Fuß auf die Straße setzen, gleich inmitten des Menschentrubels der Engelspromenade.

Im Viertel Jean-Médecin, nordwestlich der Altstadt und nicht allzu weit vom Strand und dem bunten Nachtleben entfernt, befinden sich gleich fünf günstige Hostels für Alleinreisende, jüngere Menschen, Backpacker oder wenn Sie Ihr Geld lieber für etwas anderes ausgeben möchten. Auch in anderen Stadtteilen Nizzas gibt es natürlich Hostels, jedoch sind diese meist weiter vom Strand entfernt und nicht unbedingt günstiger, daher empfehle ich das Viertel Jean-Médecin, in dessen Nähe sich viele im Folgenden erwähnte Sehenswürdigkeiten befinden.

Für Familien ist es bestimmt interessant, in einer Ferienwohnung, einem „Appartement", zu wohnen. Hiervon gibt es auch in Nizza recht viele, die meisten kosten circa 50-100€ pro Nacht. Auf der Website **fewo-direkt.de** werden Sie eventuell fündig. Gerade für Familien mit kleinen Kindern kommt eine Ferienwohnung, in der Sie auch mal was kochen können und die Platz zum Spielen bietet, infrage. Oder wenn Sie in einer Gruppe reisen, ist dies eine der günstigen Arten, komfortabel zu schlafen, anders als in einem Gruppenschlafsaal.

Einen Campingplatz gibt es in Nizza tatsächlich nicht. Dafür gibt es mehrere entlang der Küste in Richtung Monaco oder auch in Richtung Cagnes-sur-Mer. Der nächstgelegene befindet sich circa 8

Kilometer von der Altstadt entfernt in Saint-Laurent-du-Var. Er ist zentral gelegen, bietet für Kinder einen Spielplatz, ist barrierefrei und hat noch weitere Vorteile, wie zum Beispiel einen Swimming Pool. Wenn Sie vorhaben, viel Wandern zu gehen, kann der Campingplatz Magali ein geeigneter Wohnort sein. Sie sind allerdings sieben Kilometer von der Küste und weitere sieben Kilometer von Nizzas Altstadt entfernt.

Ich selber habe das letzte Mal in Nizza, im Jahr 2018, in einem kleinen aber feinen Hotel übernachtet, das gerade renoviert wurde. Ich hatte das Glück, in ein schon frisch renoviertes Zimmer zu kommen, das Personal war freundlich und ich rundum zufrieden. Hier hat die Nacht 70€ gekostet. Es gibt Zimmer mit oder ohne Balkon. Das Hotel kann ich nur empfehlen, es ist das Hotel Star in der Rue Biscarra in Nizza, circa 15 Minuten von Altstadt und Promenade entfernt.

Was will ich sehen?

MUSEEN

Das **Musée Marc Chagall** bietet für EU-Bürger unter 26 Jahren sowie an jedem 1. Sonntag im Monat freien Eintritt. Marc Chagalls Wunsch, seine Sammlung an einem einzigen Ort unterzubringen, wurde mit dem Museum vom Architekten André Hermann umgesetzt. Das Gebäude ist lichtdurchflutet und soll eine friedliche, ruhige Atmosphäre ausstrahlen. Hier befinden sich circa 400 Werke des berühmten Künstlers auf nur einer Ebene, was dieses Museum sehr besucherfreundlich macht. Marc Chagall thematisierte in seinen Bildern biblische Szenen des Alten Testaments, der Genesis und des Exodus. Die Werke sind autobiografisch geordnet. Marc Chagall, in Weißrussland geboren, musste während des zweiten Weltkriegs Frankreich verlassen und lebte im Exil in Amerika, kehrte 1948 jedoch nach Frankreich zurück.

Besonders an diesem Museum ist der dazugehörige Garten, der den Garten Eden symbolisieren soll. Dieser Garten beherbergt mediterrane Pflanzen wie Zypressen, Oliven und Pinien.

Dienstags ist das Musée Marc Chagall, das sich an der Av Docteur Ménard (Angle Bd. de Cimiez) in Nizza befindet, geschlossen. Von Mai Bis Oktober ist es von 10-18 Uhr, in den anderen Monaten von 10-17 Uhr geöffnet.

Neben vielen anderen Sprachen werden die Informationen im Audioguide auch auf Deutsch übertragen.

Wer die hellen, friedlichen, mit Pastell oder Gouache gemalten oder die gezeichneten Werke vor dem inneren Auge hat, wird in diesem Museum überwältigt sein. Viele der Gemälde sind sehr groß. Die Architektur des Museums ist eher schlicht und schüchtern und lässt die harmonischen Bilder ihre volle Wirkung entfalten. Der Eintritt kostet 10€, ermäßigt 8€.

Das **Musée des Beaux Arts**: Was für ein Anblick! Die Villa im Stil der italienischen Renaissance war ursprünglich der Wohnsitz James Thomsons, der in dem großzügigen Gebäude Bälle gab. In Auftrag gegeben hatte die Villa im Jahre 1878 die russische Fürstin Elisabeth Kotschubei, im Jahre 1925 erwarb schließlich die Stadt Nizza das heute denkmalgeschützte Gebäude, um dort ein Museum zu eröffnen.

Der ehemalige Wohnsitz wurde umgebaut und heute finden sich dort verschiedenste Werke zumeist französischer Maler und Bildhauer.

Die Villa an der 33 Avenue des Baumettes ist einen Besuch wert. Sie können Werke von Vanloo, Fragonard, Chéret, Dufy, l'Ecole de Barbizon, Le Bronzino, G.A Mossa, Rodin und Carpeaux bestaunen und hautnah erleben, Werke aus fünf Jahrhunderten, nämlich vom 14. bis zum 20. Jahrhundert.

Der Eintritt in diesem Museum kostet 10 Euro und auch das Musée des Beaus Arts hat einen wunderschönen Garten auf dem 1 Hektar großen Grundstück, auf dem es steht. Allerdings beschränken sich die Erklärungen auf Englisch und Französisch. Das Museum hat montags geschlossen.

Das **Musée Masséna** ist neben dem Musée des Beaux Arts eine andere der 18 staatlichen Kultureinrichtungen der Stadt Nizza. Gelegen direkt an der Promenade des Anglais und umgeben von - wie sollte es anders sein - einem Garten mit uralten Bäumen, ist dieses Museum von außen kaum zu übersehen. Wenn Sie also an der Promenade spazieren gehen und ein Gebäude sehen, das ein bisschen im Grün von Palmen versteckt wird, doch hell strahlt und von einem großen runden Balkon geziert wird, wagen Sie sich ruhig nah heran.

Der neoklassizistische Bau ist nach einem Enkel Napoleons benannt, André Masséna, und beherbergt Kunst, Schmuck und Kunstgewerbe aus der Zeit der Belle-Epoque sowie Kunstgeschichte und Regionalgeschichte der Côte d´Azur. Es gibt auch immer wieder Sonderausstellungen, auch von Kunst, sofern sie Bezug zur Region hat.

Die ersten Wintergäste kamen Ende des 18. Jahrhunderts nach Nizza. Lassen Sie sich doch in einer Führung auf Deutsch von dieser Glanzzeit Nizzas und der Côte d´Azur erzählen, während Sie durch die Sammlungen und Ausstellungen geführt werden.

Auch hier kostet der Eintritt 10 €, jedoch können Sie mit diesem Ticket „individuell" für die Dauer von 24 Stunden alle 18 staatlichen Museen besichtigen. Für 7 Tage kostet dieses Ticket 20 €.

Besuchen können Sie dann:
Mamac, Galerie des Ponchettes, Espace Ferrero, Galerie de la Marine, Théâtre de la Photographie et de l'Image, Musée Matisse, Musée des Beaux-Arts, Musée d'Art Naïf, Musée Masséna, Palais Lascaris, Musée d'Archéologie, site de Cimiez et site de Terra Amata, Muséum d'Histoire Naturelle, Prieuré du vieux logis

Dienstags hat das Museum Masséna geschlossen.

KIRCHEN/KATHEDRALEN:

Die **Cathédrale Sainte-Réparate** ist auch bekannt als **die** Kathedrale Nizzas. Der Bau aus dem 16. Jahrhundert befindet sich am Place Rossetti und steht seit 1906 unter Denkmalschutz. Jedoch bis zum Jahre 1949 wurde das imposante Gebäude weiter gestaltet. Die römisch-katholische Kirche besitzt drei Orgeln und es werden hier die Reliquien der heiligen Reparata aus dem 11. Jahrhundert aufbewahrt, der die Kathedrale gewidmet ist.

Den Place Rossetti, der Standort des gewaltigen Sakralgebäudes, finden Sie beim Schlendern durch die engen Gassen des Vieux Nice.

Seit Mitte des 19. Jahrhunderts verbrachte die russische Zarenfamilie ihre Winter in Nizza. Die Gründung der russischen Kolonie im Jahre 1856 ermöglichte den Bau einer russischen Kirche in der Rue Longchamp. Im Jahre 1908 begann der Bau der **Cathédrale Saint Nicholas**, der 1912 fertig gestellt wurde. Hier feiert bis heute die russisch-orthodoxe Gemeinde ihre Gottesdienste. Das Gebäude mit den Zwiebeltürmen, die schon von weit her zu sehen sind, und den wertvollen Fresken im Inneren ist die größte russische Kirche außerhalb Russlands. Der Eintritt ist kostenlos und es lohnt sich für Sie vielleicht auch, dem zweieinhalb- stündigen Gottesdienst am Sonntagvormittag beizuwohnen, zu dem Sie herzlich eingeladen sind. Besichtigt werden kann die Kathedrale Saint Nicholas täglich, nur nicht während des sonntäglichen Gottesdienstes.

Am Place de l'île de Beauté 6 in Nizza am Hafen steht die **Eglise Notre Dame du Port,** eine katholische Kirche. Der Bau beeindruckt von außen durch die vier Säulen und das hohe Portal. Die Kirche ist im Stil des Neoklassizismus errichtet und sollte von Ihnen nicht übersehen werden, wenn Sie am Hafen unterwegs sind.

Und wenn Sie schon am Hafen flanieren, können Sie sich auf ein weiteres interessantes und historisch wertvolles Monument freuen ...

Ganz in der Nähe des Hafens befindet sich nämlich das **Monument aux Morts.** Von der Uferpromenade und dem dortigen Quai Rauba Capeau nicht zu übersehen, thront eine gewaltige Urne, eingelassen in den felsigen Colline du Chateau. Das Denkmal wurde im Jahre 1928 zum Gedenken an die Opfer des 1. Weltkrieges eingeweiht und die fünf Stufen davor erinnern an die fünf Kriegsjahre. 3665 Namen sind in den Stein gemeißelt, die Namen der Kriegsopfer aus Nizza.

Der Friedhof **Cimetière du Monastère de Cimiez** befindet sich nahe beim Museum Matisse im Stadtteil Pasteur. Es ist ein wirklich eindrucksvoller Ort, wo hier die Verstorbenen seit dem 18. Jahrhundert ruhen. Kein Ort in Nizza ist an bildhauerischer Kunst wohl zu überbieten. Hier findet sich auch das Grab Henri Matisses. Das heißt, wenn Sie sich für die Geschichte Nizzas interessieren, müssen Sie den Friedhof, der eine sakrale Ruhe ausstrahlt, besuchen! Man hat von hier eine wunderschöne Aussicht auf die umliegenden Berge.

Alternativ - oder noch dazu - empfiehlt es sich, den Friedhof auf dem Schlosshügel zu besuchen, den **Cimitiere Israelite.**

Die **Crypte Archéologique** befindet sich am Place Jacques Toja unter dem Place Garibaldi. Bei Bauarbeiten stieß man auf die Krypta, eine unterirdische Halle, die 2000 qm groß ist und einen versunkenen Teil einer Festungsanlage aus dem 14. Jahrhundert darstellt. Der Besuch ist sehr lohnenswert und versetzt Sie in eine versunkene Welt.

PLÄTZE

Den **Place Garibaldi** erreicht man fußläufig vom Hafen der Altstadt und dem Schlosshügel innerhalb von 10 - 15 Minuten. Er stellt die erste Erweiterung der Altstadt gen Norden in Richtung Neustadt dar, ist rechteckig angelegt und in seiner Mitte plätschert ein Brunnen, der an den italienischen Guerillakämpfer Guiseppe Garibaldi erinnert. Viele von Nizzas Hauptverkehrsstraßen treffen sich auf diesem barocken Platz.

Mitten in der Altstadt, bei der zuvor erwähnten Kathedrale de Sainte Reparate, befindet sich fußläufig 7 min in südlicher Richtung vom Place Garibaldi aus der **Place Rossetti.**

Dieser wunderschöne, belebte, mit gelben Fassaden, Blumenkästen und Cafés gezierte Platz gilt als eine der Hauptattraktionen in Nizza. Ihn können Sie nur zu Fuß erreichen - und gerade das macht diesen Platz so traumhaft schön. Gleicht er doch einer Lichtung im Gewirr der engen Altstadtgassen!

Ein Insidertip ist der Eissalon Fenocchio, der auch außergewöhnliche Sorten wie Eis mit Lavendel- oder Biergeschmack anbietet.

Zehn Minuten zu Fuß in Richtung Westen können Sie nun noch den **Place Masséna** besuchen, den zentralsten und besondersten Platz Nizzas. Mit seinem schachbrettfarbenen Pflaster, den Straßenkünstlern und den Gebäuden im neoklassizistischen Stil erinnert er an das nahe Italien.

Auch ein Besuch in den Abendstunden hat seinen Reiz, denn im Jahr 2007 errichtete hier ein spanischer Künstler sieben im Dunkeln mit farbigem Licht beleuchtete Skulpturen, die die sieben Kontinente repräsentieren.

An diesem sehr großen Platz, den auch ein Springbrunnen ziert, befinden sich die Gärten Masséna und die Gärten Albert 1, die zum kostenlosen Verweilen einladen. Doch wie wäre es jetzt erst mal mit einer ausführlichen Shoppingrunde?

SHOPPING

Das **Galeries Lafayette,** zentral am Place Masséna gelegen, ist ein großes edles Kaufhaus, in dem es neben einer sehr großzügigen Parfümabteilung auch viele Designerlabels und alles, was ein gutes Kaufhaus haben muss, gibt. Die angrenzende **Avenue Jean-Médecin** bietet noch viel Platz und Geschäfte zum Bummeln auch das **Nice Etoile,** ein großes Einkaufszentrum.

Am Place du Générale Gaulle befindet sich der **Marchée de la Liberation.** Er ist benannt nach dem Stadtteil Libération, in dem er sich befindet. Ein Gang über diesen großen Bauernmarkt lohnt sich! Frisches Obst und Gemüse und Fisch aus dem Meer gibt es hier. Wenn Sie Weinliebhaber sind, können Sie ganz in der Nähe am 6 Place de la Gare du Sud die „Cave Champenoise" besuchen und einen regionalen, in der warmen Mittelmeersonne gereiften Wein kaufen oder in der Cave einkehren!

Nun möchte ich Sie zu einem Highlight der Stadt Nizza einladen. Täglich findet auf dem Cours Saleya in der südlichen Altstadt der sogenannte **Marchée aux Fleurs**, der Blumenmarkt, statt. Von 6.00 Uhr bis 17.30 Uhr werden hier Früchte, Salz, Gewürze aus aller Welt, Gemüse, die besten Oliven

Frankreichs, Gebäck und natürlich Blumen angeboten. Wer authentisch, regional-mediterran und gesund und lecker essen oder kochen möchte, findet hier alles, was das Herz begehrt!

Doch Vorsicht - Montags sind die Trödler an der Reihe und bieten ihre Ware zum Kauf an!

Tipp für den kleinen Geldbeutel:

Suchen Sie eine der vielen Boulangeries (Bäckereien) auf und bestellen Sie „Une baguette!" Zu fast jeder Tageszeit können Sie über den Marchée aux Fleurs spazieren. Ich habe mir morgens immer Ziegenkäse, Tomaten und Oliven gekauft. Und dann erst fing mein Tag an.

Mit diesem Picknick im Rucksack machte ich mich auf den Weg - gegessen habe ich an den schönsten und noch dazu kostenlosen Plätzen Nizzas, am Strand, in einem Park oder am Hafen. Und sicher haben Sie noch 3 € für einen Café au lait oder ein Eis übrig! Wie in jeder Großstadt gibt es natürlich auch in Nizza Supermärkte, wo Sie sich eine Flasche Wasser kaufen können. Mit einem Strandtuch im Rucksack haben Sie auch immer eine Unterlage für sich selbst und die mitgebrachten Leckereien dabei.

Geheimtipp: Bus nach Menton (vom Hafen aus)

Befinden Sie sich am Hafen von Nizza, sehen Sie vielleicht am nördlichen Zipfel des Beckens eine Menschenansammlung und einen Bus der Ligne d´Azur mit der Nummer 100. Diesen Bus zu nehmen, der die Strecke von 31 Kilometern in einer Stunde und zwanzig Minuten fährt, ist die günstigste Variante, um nach Menton zu kommen, denn er kostet gerade mal 2 €. Und es ist vielleicht auch die schönste Variante, führt Sie die Strecke doch durch jedes noch so kleine Küstenörtchen fernab der großen Straßen immer mit Blick aufs Meer. Vor allem unter der Woche bietet sich eine Fahrt mit diesem Bus an, da er dann nicht so voll ist.

Der erste Bus des Tages fährt um 5.30 Uhr und zurück sollten Sie am Gare Routiere in Menton unter der Woche den Bus um 20.30 Uhr nicht verpassen. Oder Sie fahren mit der Bahn zurück, das ist bis 23.00 Uhr möglich. Nice Gare Riquier, Nähe Hafen, ist die Station, an der Sie in Nizza aussteigen sollten.

Sie werden staunen, was diese kleine Stadt nahe der italienischen Grenze alles zu bieten hat! Neben einem Casino direkt bei der Bushaltestelle, den vielen Bars und Cafés und natürlich dem Strand gibt es eine richtig nette kleine Fußgängerzone mit kleinen Seifen- und Parfümlädchen und individuellen

Modegeschäften. Dies ist der Ort, wo jedes Jahr im Frühling das bekannte Zitronenfest „Fete du Citron" stattfindet, das sehr viele Besucher anlockt und bei dem 145 Tonnen Zitronen, Mandarinen und Orangen zu aufwändigen, bis zu 10 Meter hohen Skulpturen getürmt werden.

Der kleine Hafen mit angrenzendem Strand - ein Strand mit Sand, was selten ist an der Côte d´Azur, mit dem Namen Baie du Soleil „Sonnenbucht" oder Baie du Garavan - wird von einer Burganlage begrenzt, die Sie besichtigen können. Ganz in der Nähe gibt es eine kleine Créperie mit dem Namen „La petite Cave", dort gibt es die besten Crêpes in ganz Menton. Sie öffnet allerdings erst um 19.30. Hier gibt es von Crêpes mit Eis über Crêpes mit Zimt und Zucker Crêpes mit den verschiedensten herzhaften Belägen - allesamt sehr empfehlenswert.

Auch die an Menton angrenzende Stadt Cap Martin-Roquebrune - Roquebrune bedeutet „brauner Felsen" - ist aufgrund ihrer Natur, den wilden Wellen, die das Cap umspülen, und den Pinien und Agaven, die nur einmal in ihrem Leben blühen, dafür aber dann mit 2-3 Meter hohen Blüten, ein Ausflugsziel, das Sie interessieren könnte.

Um das Cap Martin führt ein Rundweg, der aus ungezählt vielen Stufen besteht. Vielleicht möchten

Sie sie zählen? Das ist auf jeden Fall auch eine Motivation für Ihre Kinder, doch ich denke, es bleibt bei einem Versuch. Zum Meer hin ist dieser Rundweg von den spitzen typischen Felsen gesäumt und so manche Treppe führt Sie hinunter bis zum Wasser. Sie erreichen das Cap von Menton aus, indem Sie an der Uferpromenade, der Promenade du Soleil, in Richtung Westen circa 3,5 Kilometer laufen. Der Weg um das Cap dauert ungefähr eineinhalb Stunden und es lohnt sich wirklich.

Gerade wenn Sie gerne wandern, sollten Sie sich diesen Ausflug nicht entgehen lassen. Von Roquebrune führt Sie der Weg dann wieder hinunter zum Meer und zurück an der Uferpromenade Richtung Menton.

Wussten Sie das schon: Dieses Juwel an der Küste, das man auf dem letzten Drittel des Weges um das Cap immer wieder leuchten sieht, ist Monaco!

Warum also nicht gleich bis nach Monaco laufen? (Von dort fährt die Linie 100 bis circa 20 Uhr nach Nizza zurück).

Vorsicht: Der Weg nach Monaco ist teils unbefestigt und holperig. Sie müssen auf dem letzten Viertel des Rundweges ums Cap links abbiegen. Man kann sich gut an der Bahn orientieren. Wenn man sie sieht, ist man schon zu weit gelaufen. Der Weg führt dicht am Felsen über eine Brücke über eine Bucht. Wer in Entdeckerlaune ist, kommt hier voll und ganz auf seine Kosten!

Monaco: einen Besuch wert

Sie können aber genauso gut von Nizza oder Menton aus mit dem Bus oder der Bahn einen Besuch im Fürstentum Monaco machen, denn nicht jeder möchte so viel laufen.

Wenn Sie am Bahnhof Monaco, dem einzigen Bahnhof des Stadtstaates, aussteigen, werden Sie das Tageslicht vermissen. Die gesamte Bahnhofsanlage liegt unterirdisch. Dafür befinden Sie sich kurze Zeit und einige Stufen später ganz zentral im Stadtviertel Condamine.

Von hier aus ist der Hafen nicht weit. Der „Port

Hercule" ist ein sehr beeindruckender und schöner Hafen, an dessen Rand viele kleine Bars und Restaurants aufgereiht sind. In dem 1927 bis 1970 gebauten und erweiterten Hafen finden bis zu 700 Boote Platz.

Voll ist der Hafen im Frühjahr gleich an zwei Terminen, dem Grand Prix de Monaco und den Monte Carlo Open Tennisturnieren. Dann übersteigt der Preis für eine Yacht 1200 Euro pro Nacht um ein Vielfaches.

Wenn Sie den Port Hercule in östliche Richtung umrunden, finden Sie drei Gärten. Den Jardin du Café de Paris, den Jardin de la Petite Afrique und den Jardin Japonais. Vor allem letzterer lohnt sich für einen Besuch. Hier schwimmen Koi-Karpfen in eigens dafür angelegten Teichen und viele asiatische Pflanzen wachsen hier, mit Bezeichnungen versehen.

Wollen Sie ungestört sein? Dann verbringen Sie doch einige Zeit am Plage du Golfe Bleu. Dieser Strandabschnitt gehört eigentlich zu Roquebrune (im vorigen Abschnitt beschrieben), liegt also noch weiter östlich. Von hier aus können Sie auch gleich in umgekehrter Richtung das Cap Martin umrunden. (s. voriger Artikel) oder auch einfach ein paar schöne Stunden verbringen. An diesem Strand sind - wenn überhaupt - meist nur Einheimische zu sehen

- und Eingeweihte. In entgegengesetzter Richtung, am alten Hafen, dem Port de Fonteville, liegt ein Tierpark, der vielleicht bei Ihren Kindern gut ankommt und schön angelegt ist. Es heißt, die gute Haltung und die großen Gehege dieses 1954 von Fürst Rainer dem Dritten angelegten Tiergartens seien beispielhaft. Schwarze Panther, weiße Tiger und viele exotische Vögel können Sie hier unter anderem bestaunen.

Und dann befinden Sie sich auch schon unterhalb des sagenumwobenen Grimaldi-Felsen, auf dem der Fürstenpalast und Reste der mittelalterlichen ersten Burg stehen, und brauchen bloß noch die Stufen hinaufsteigen. Sie kommen an vielen kleinen Gassen entlang, in denen sich Souvenirläden und Kunsthandwerker befinden.

Der Palast ist zum Teil heute ein Museum, das Sie besichtigen können. Vor dem Palast hält die Garde Wache und es ist interessant zu beobachten, wie stündlich der Wachwechsel vonstattengeht. Dort stehen auch bronzene Kanonenrohre und man hat Ausblick über den alten Hafen, was sicher zu einem Foto einlädt!

In Monaco gibt es noch viel mehr zu entdecken. Ein beliebtes Ausflugsziel ist das ozeangraphische Museum, das auf einer großen Sammlung Fürst

Alberts beruht. Lebende und ausgestopfte Tiere sowie Skelette und Sammlungen hat er auf seinen mehr als 3000 Forschungszügen zusammen getragen. Das Ozeanographische Museum Sealife steht auf einer Anhöhe über dem Meer.

Das Wachsfigurenkabinett lässt die märchenhafte Welt Monacos still stehen, während Monacos Nationalmuseum noch einen Schritt weiter geht und mit der größten Puppensammlung der Welt den Besucher in seine Kindheit zurück versetzt. Ein besonderes Nationalmuseum der etwas anderen Art eben, das sich auf dem berühmten Felsen in der Rue Basse befindet.

Und dann ist da noch das anthropologische Museum mit Fossilien und prähistorischen Skeletten vor allem aus der Grimaldi-Höhle unweit der Grenze zu Italien. Die dortigen Funde lassen darauf schließen, dass Europa in der Altsteinzeit auch von Afrika aus bevölkert wurde. Das Museum befindet sich am 56 Boulevard du Jahrein Exotique. Es ist sehr klein.

Eine tiefe Grotte liegt auch im exotischen Garten Monacos. Der bedeutende Naturforscher Fürst Ludwig der Dritte siedelte in diesem auf einem Felsen gelegenen Garten viele exotische Pflanzen an, die aufgrund des milden mediterranen Klimas prächtig gedeihen. Auf verschlungenen Wegen können Sie hier Riesenkakteen und viele andere Arten bestaunen. https://www.jardin-exotique.mc

Doch nun möchten Sie sicher noch mehr über Ihr eigentliches Reiseziel Nizza, die Hauptstadt der Côte d´Azur, erfahren. Lesen Sie also weiter!

Familienfreundliches Nizza

NIZZA - BARRIEREFREI!

Um körperlich eingeschränkten Personen die schöne Stadt Nizza zugänglich zu machen, haben Stadt und Touristeninformationszentrum verschiedene Reiseführer und Broschüren auch in deutscher Sprache herausgegeben.

http://www.nice.fr/fr/social-et-solidarites/la-mission-handicap auf Französisch.

https://de.nicetourisme.com/behindertenfreundliches-nizza auf Deutsch.

https://www.booking.com/accessible-traveling/city/fr/nice.de.html die 10 besten barrierefreien Hotels.

https://mobilista.eu/264/reisebericht-mitrollstuhl-an-Côte-dazur/#Behindertenpark-plaetze_in_Frankreich auf Deutsch.

Viele Museen, Hotels und öffentliche Einrichtungen und auch der Nahverkehr bieten körperlich einge-schränkten Personen Unterstützung an. Es gibt zwei Strände, die körperlich eingeschränkten Menschen oder Rollstuhlfahrern den Zugang erleichtern. Das sind der Strand Carras und der Plage du Centenaire. Der „Plage Carras liegt im Osten der Stadt, der „Plage de Centenaire" am westlichsten Zipfel des „Vieux Nice", der Altstadt.

NIZZA MIT KINDERN

An der Promenade du Paillon, ich habe sie noch nicht erwähnt, jedoch sind Sie ihr schon nahe gekommen. Als Sie durch die Altstadt schlenderten, also ganz zentral, liegt ein wunderschöner Spielplatz mitten im Grünen. Die gesamte Promenade du Paillon ist se-henswert, ist es doch ein grüner Streifen mitten in der Stadt, an dem man wunderschön spazieren ge-hen kann. Der Spielplatz besteht aus verschiedenen Spielgeräten aus Holz, für Kinder von 0-6 Jahren.

Auch im Umland um Nizza befinden sich viele Freizeitparks. Hier eine Liste von Freizeitparks. http://www.orangesmile.com/reiseinfos/nizza/fa-milienreisen-kindern--1454990.htm

In Menton gibt es einen tollen Outdoor-Spiel-platz für Kinder von 3-12 Jahren. Das ist das Koaland an der 5 Avenue de la Madone. Hier gibt es große Hüpfburgen und einen Park mit Rutschen, für die ganz Kleinen ein Bällebad und kleinere Rutschen und Klettergerüste und außerdem auch Mini-Motor-räder und Karussells. Wenn Sie mit dem Bus nach Menton fahren, wie im Vorigen beschrieben, können Sie, wenn Sie am Gare Routiere aussteigen, den Weg zur Küste suchen. Nun müssen Sie rechterhand an der Küste circa 20 Minuten entlanglaufen und dann befindet sich das Koaland etwas im Landesinneren an der Corniche de Serres de la Madone. Halten Sie nach diesem Straßenschild Ausschau! https://www.villasud.de/tips/all/spielplatz/parc-koaland-menton

In Antibes an der 301 Route de Biot liegt ein großer Freizeitthemenpark, das Antibes-Land. Ein Besuch hier ist für freizeitparkbegeisterte Familien wohl ein Muss! Nicht nur dass der Park sehr besucherfreundlich gestaltet ist und Hunde an der Leine erlaubt sowie Rollstuhlfahrern Zugang bietet, sondern hier finden Sie an Karussells und Vergnügungen alles, was das Herz begehrt! Und noch dazu Simulatoren, Rutschen, Kletterwände, Achterbahnen! Hier lässt sich gut und gerne ein Tag verbringen, vielleicht wenn der Himmel bedeckt ist - aber warum nicht auch bei Sonnenschein? Ein 5-D Simulator für die Älteren, eine sehr rutschige Rutsche für die Kinder und dann auch noch Attraktionen wie die Aquabulles - große durchsichtige Kugeln, in denen man seinen Weg auf der Wasseroberfläche „läuft" - oder Paradise Island für die Kleineren, einfach kleine Mini-Elektroboote oder Trampoline runden den Spaß ab.

Aber auch Erwachsene kommen hier voll und ganz auf ihre Kosten beim Fahren verschiedener

Achterbahnen und Karussells, die sie durch die Luft wirbeln und kopfüber oder kopfunter schwindelig werden lassen. Das „Antibes Land" befindet sich in Antibes unweit des Strandabschnitts Plage Biot und eines Campingplatzes.

https://www.antibesland.fr/les-attractions/?category=18#attractions

Der „Zygo Park Nice" befindet sich an der Strandpromenade unweit der Altstadt, und bietet Karussells und zwei Achterbahnen, eine für Familien und eine „extreme". Außerdem - und das macht den Park so besonders und so manch einem richtig Spaß - gilt der Park als „parc aquatique" und bietet viele Attraktionen in Verbindung mit Wasser. Darum lohnt es sich, wenn Sie an einem besonders heißen Tag diesen 1988 gegründeten Park besuchen!

Des Weiteren gibt es in Nizza das Aqualand Frejus. Was für ein Schwimmbad! Es ist eines der ganz besonderen Art! In diesem riesigen angelegten Wasserpark werden Ihre Kinder erst mal überwältigt sein. Welches Klettergerüst, das im Wasser steht, soll zuerst bestiegen werden? Welche Schaukel zuerst geschaukelt und welche Pumpe zuerst betätigt werden?

Es gibt Becken für Babys und Kleinkinder, aber auch an den Spaßfaktor von Grundschülern und

Teenies ist gedacht. Mit „King Cobra", einer ganz besonderen Rutsche, auf der man mit großen Ringen über den Leib der Schlange gleitet, und vielen weiteren Attraktionen wartet der Park auf. Bei manch einer Rutsche ist Geschwindigkeit die Freude, wieder andere schlängeln sich, sodass man fast den Halt auf den Ringen verliert.

Mit einem Wellenbad, Wasserfällen und Wasserpilzen und einem Thermalbecken mit warmem Wasser rundet der Park seine Angebote ab. https://www.aqualand.fr/frejus/

Manch einem steht der Sinn vielleicht eher nach Sternegucken? Wenn Sie mehr als nur den Nachthimmel über dem Meer beobachten möchten, könnte die Sternwarte von Nizza für Sie interessant sein. Sie befindet sich im Osten der Stadt auf dem Mont Gros inmitten eines Waldes. In diesem Park können Sie auch sehr gut wandern oder Mountainbike fahren. Es geht immer auf und ab auf gut befestigten Wegen. Außerdem befindet sich hier ein Startplatz zum Gleitschirm fliegen und man hat eine sehr gute Aussicht über die 8 km entfernten Strandabschnitte und das Meer.

Ja, und inmitten dieses Parker steht das 1889 erbaute, älteste Bergobservatorium Europas. Auch wegen seiner Architektur bekannt (Architekt war

Gustave Eiffel), besteht es aus 20 einzelnen Gebäuden. Die geführte Tour in französischer Sprache dauert zwei Stunden und man läuft dabei 1,5 Kilometer.

Zu einigen wenigen Terminen im Jahr können Sie hier auch tatsächlich Sterne beobachten.
https://www.tourispo.de/sehenswuerdigkeit/observatorium-von-nizza_preise-und-oeffnungszeiten.html

NIZZA - GAY OR LESBIAN?

Es gibt viele Adressen, die Homosexuelle in Nizza nicht nur sehr willkommen heißen, sondern auch an einem Programm des Fremdenverkehrsamtes teilnehmen, das die Qualität der Gastfreundschaft sichert und die zusammen einen Guide in Regenbogenfarben heraus gebracht haben. Diesen finden Sie in voller Länge hier:
https://de.nicetourisme.com/gay-friendly-nizza
https://www.travelgay.com/destination/gay-france/gay-nice/

NIZZA MIT HUND

Ferienwohnung oder gar Ferienhaus mit Hund? Vielleicht mit eigenem Garten, in dem der Vierbeiner herumtollen kann? Hier sind ein paar Ideen:
https://www.traum-ferienwohnungen.de/urlaubs-ideen/urlaub_mit_hund/europa/frankreich/nizza-umgebung/nizza/?suited_ids=2&nc=1#results

Es gibt nur einen Hundestrand in Nizza. Er heißt Port de Carras und befindet sich gegenüber der Avenue de Carras Richtung Flughafen. Hier finden Sie weitere Informationen und Hundestrände in anderen Orten der Côte d´Azur:
https://www.ferienwohnung-mit-hund.com/Info_Südfrankreich-hundestrand.htm

Achten Sie beim Spaziergang mit ihrem Hund darauf, dass es zu keinen risikoreichen Situationen kommt. In Nizza sind sehr viele Menschen auf den Straßen - und auch viele Hunde. Die kleineren Hunde sind in jedem Fall auch bei den Einheimischen gerne gesehene Gäste. Größere, rebellischere Tiere müssen gut beaufsichtigt werden.

NIZZA UND FRANZÖSISCH LERNEN...

In Nizza gibt es viele große und kleine Buchhandlungen, auch zum Teil mit antiquarischen Büchern.

Bei meinem letzten Aufenthalt habe ich mir zwei alte französische Kinderbücher gekauft - das macht natürlich am meisten Spaß, wenn man die Sprache wenigstens ein bisschen beherrscht. Es ist sowieso gut, wenn man ein bisschen französisch spricht, da die Franzosen nicht so gerne englisch sprechen, das ist zumindest meine Erfahrung.

Um die Sprache richtig zu lernen, oder auch um sie als Schulfach zu verbessern, stehen Ihnen in Nizza verschiedene Sprachschulen und Sprachaufenthalte zur Verfügung. Hier zwei von vielen Anbietern.

https://www.esl.de/de/sprachreisen/franzoesisch/frankreich/nizza.htm

https://www.ef.de/pg/sprachreisen/frankreich/nizza/?source=007957,GGDES_LT_FR_NIC&semcp=S-LT-NonENG&semag=LT-FR-NIC_sprachreise_nizza&pkw=sprachaufenthalt+nizza&gclid=EAIaIQobChMIvt29gci_6A-IVhuh3Ch2hCgWXEAAYASAAEgJy1fD_BwE&gclsrc=aw.ds

Kulinarisches

Da es in Nizza viele traditionell mediterrane Gerichte gibt, lohnt es sich, diese auch mal zu probieren.

Angefangen bei den Ravioli mit Mangoldfüllung, denn Mangold ist ein Gemüse, das sehr oft verwendet wird, uns Deutschen nicht so bekannt ist, jedoch sehr lecker schmeckt, ein bisschen wie Spinat. Tarte aux blettes, ein Kuchen mit Mangold, Äpfeln und Rosinen, ist ebenfalls zu empfehlen.

Natürlich sind Meeresfrüchte und Fisch eine lokale Spezialität, genauso wie Socca, ein Kichererbsenfladen, der frisch gegessen werden soll und wie Pizza belegt sein kann.

Zum Aperitif gibt es dann kandierte Früchte - oder probieren Sie doch mal glasierte Maronen!

Die „Cuisine Nissarde respecte de la Traditione" zeichnet Restaurants aus, die mindestens drei lokale Gerichte auf ihrer Karte haben. Jedoch kann es sich genauso lohnen, auf dem Markt oder in einer Bäckerei nach lokalen Spezialitäten wie der Socca zu fragen!

Wenn Sie am Ende Ihres Traumurlaubs in Nizza noch ein paar Euro übrig haben, die ausgegeben werden wollen, warum besuchen Sie nicht das Bar-Restaurant Le Plongeoir? Plongeoir bedeutet Taucher und so befindet sich das sehr besondere Restaurant zwar nicht unter Wasser, dafür thront es auf einem Felsen hoch über der rauschenden See am 60 boulevard Franck Pilatte. Sie haben das Restaurant vielleicht auch schon auf ihrem Spaziergang zur Grotte Lazaret ausfindig gemacht, ist es doch dort ganz in der Nähe hinter dem Hafen.

Im 19. Jahrhundert wurde die wunderschöne Lage des heutigen Restaurants genutzt, indem ein einfaches Boot auf dem Felsen befestigt wurde, in dem man sitzen und essen konnte.

Nizzas Nachtleben

Wenn Sie nach den vielen Eindrücken und Erlebnissen, die Sie auf Ihrer Nizza-Reise haben werden, abends noch nicht zu müde sind, dann stürzen Sie sich doch einfach ins Getümmel! Eigentlich das ganze Jahr über laden die lauen Nächte dazu ein. Wie schon erwähnt finden sich in der Altstadt viele Bars, unter anderem auch ein für Frankreich nicht so üblicher Irish Pub. Viele kleine weniger bekannte urige Kneipen laden dazu ein, ein Bier zu genießen oder einen französischen Wein zu trinken.

Die Strandbars, zum Beispiel der Blue Beach Club, haben auch bis 1.00 Uhr nachts geöffnet und im

Sommer ist es (bestimmt auch für Kinder) toll, so dicht am Meer den Abend ausklingen zu lassen. Allerdings sind die Strandbars sehr beliebt und man muss Glück haben, einen Platz zu ergattern. Doch wer es geschafft hat, wird im Blue Beach herzlichst bedient und kann sich auf viele mediterrane Speisen freuen, allerdings der gehobenen Art.

Später am Abend lohnen sich Besuche im High Club, einem sehr beliebten, sehr schicken und angesagten Club mit Live-DJ′s, der um 24.00 Uhr öffnet und sich an der Engelspromenade befindet, oder dem Blue Whale. Im Blue Whale finden Konzerte statt und er bietet mit sehr verschiedenen Musikrichtungen eine echte Alternative und hat bis 5.00 Uhr geöffnet.

Möglicherweise interessieren Sie sich für Theater oder Opern und beherrschen das Französische oder wollen es einfach auf sich wirken lassen! Es ist eine gute Idee, in Nizza in die Oper oder ins Theater zu gehen. Die Opéra de Nice hat Platz für circa 1100 Gäste und man kann dort auch Ballettvorführungen und Konzerten zusehen. Auch das Gebäude in der Altstadt, dessen Südseite zur Engelspromenade gewandt ist, ist eine Betrachtung wert. 1881, nach einem verheerenden Feuer wiederaufgebaut, bei dem 200 Menschen ums Leben kamen, trägt es nun nicht mehr den Namen Theatre municipal (Stadttheater), sondern heißt Opéra de Nice.

An Theatern haben Sie in Nizza möglicherweise die Qual der Wahl. Es gibt vier verschiedene, wobei zwei davon als Theaterensemble deklariert sind. Das sind das Theater L'alphabete, wo es neben Aufführungen für Erwachsene auch welche für Kinder gibt und das eine Schauspielschule beherbergt. Sie finden es in der 19 Rue Delille.

Das Theatre du Cours in der 5 Rue de Poissonnerie ist ein zeitgenössisches Ensemble, bei dem hauptsächlich die Magie und Komödie im Vordergrund steht.

Im Palais Nikaia finden Konzerte statt, es ist eher eine Konzert und Show-Halle und sie befindet sich am westlichen Ende Nizzas am Bd du Mercantour.

Falls Ihnen dennoch der Sinn nach einem klassischen Theater steht und die Vorgänger Sie nicht überzeugen konnten, wobei diese allesamt tolle Kritiken haben, finden Sie das Nationaltheater Nizzas an der Promenade des Arts. Es hat nicht weniger gute Kritiken und ist schon allein aufgrund seiner Architektur einen Besuch wert. Denn es hat einen achteckigen Grundriss, ein modernes Gebäude inmitten all der Geschichte Nizzas.

Die beste Reisezeit

FRÜHLINGSERWACHEN AN DER CÔTE D´AZUR

Zu Beginn des Jahres erwacht die Côte d´Azur zu neuem Leben. Mimosen und Jasmin, Zitronen und Magnolien beginnen zu blühen und erfreuen Sie mit ihrem Duft. Dabei ist die Sonne schon richtig warm, mit Temperaturen um die 20° Grad Celsius können Sie am Strand sonnenbaden. Aber auch lang ausgedehnten Spaziergänge machen zu dieser Zeit, ähnlich wie im Herbst, besonders viel Spaß. Dabei ist das der Côte d´Azur ganz eigene Licht besonders strahlend! Und so mancher traut sich schon ins Wasser.

SOMMER, SONNE UND NOCH MEER

Für einen Strandurlaub unter blauem Himmel und ein Bad im azurblau leuchtenden Meer ist Nizza im Sommer ein ideales Reiseziel. Viel mehr bedarf es für so manchen nicht. Vielleicht noch ein Eis in der Altstadt genießen und am Abend lecker essen gehen.

Doch am Strand kann man in Nizza auch noch mehr erleben.

Kinder und Jugendliche haben viel Spaß beim Banana-Boat fahren. Die Fahrt dauert schon mal 20 Minuten und es ist gar nicht so einfach, sich auf dem vom Motorboot bei hoher Geschwindigkeit gezogenen Banana-Boat zu halten. Banana-Boats gibt es in Nizza an verschiedenen Strandabschnitten.

Für Jugendliche und auch Erwachsene attraktiv ist es, sich ein Jet-Ski zu mieten. Für die Dauer einer Stunde kann man auf eigene Faust den Küstenabschnitt erkunden. Es sind bis zu zwei Personen auf einem Jet-Ski erlaubt. Eine Station befindet sich am „Plage Carras".

Beim Parasailing werden Sie in einem gemütlichen Sitz, der unter einem Gleitschirm hängt, 50 Meter über dem Meer an einem schnellen Motorboot hinterher gezogen. Dabei können Sie die Promenade und nicht zuletzt die Wellen, Schaumkronen und Badegäste von oben betrachten und haben einen wunderschönen Blick auf die maritimen Alpen.

Wenn Sie möchten, können Sie in den Beach-Clubs Nizzas ein Beach-Dinner buchen. Mit Vorspeise, Hauptgang und Nachspeise und einer Flasche Wein sitzen Sie gemütlich am Strand und sehen dem Sonnenuntergang zu.

NIRGENDWO IST DER HERBST SCHÖNER

Und das natürlich an der gesamten Côte d´Azur. Keine Reisezeit bietet sich besser an, um die vielen kleinen Städtchen und Dörfer entlang der Küste zu besuchen!

Eze-Village

Die Gemeinde Eze besteht zum Ersten aus dem Küstenteil, der Touristen Strandbars und Badespaß bietet (Eze-sur-Mer), zum anderen aber aus dem Teil, der hoch oben auf einem Felsen liegt und schon von Weitem gut zu sehen ist. Dort schmiegen sich Blumenkästen an Hauswände, plätschern alte Brunnen und Sie können durch die autofreien alten Gässchen spazieren. Am besten früh morgens, wenn noch nicht so viele Touristen unterwegs sind. Berühmte Feriengäste waren Walt Disney und Friedrich Nietzsche.

Saint-Jean-Cap-Ferrat

Dieses auf einer Halbinsel gelegene Nizza zugehörige Örtchen ist das teuerste Pflaster der Welt! Die Halbinsel können Sie auf einem küstennahen Fußweg umrunden der herrliche Ausblicke auf Villefranche-Sur-Mer und die gesamte Küste bietet. An der südlichen Spitze dieses „Chemin du Phare" (Weg des Leuchtturms) steht - wie sollte es anders sein - ein 1827 erbauter Leuchtturm.

Villefranche-Sur-Mer

Sechs Kilometer östlich von Nizza liegt diese kleine Stadt mit 30.000 Einwohnern, die den größten Kreuzfahrthafen von ganz Frankreich bietet. Hier werden Sie immer Blick auf ein Kreuzfahrtschiff und natürlich auch auf Yachten und Segelboote haben.

Eine sehr beeindruckende Tiefwasserhafenanlage, die einer Besichtigung wert ist. Außerdem können Sie hier im Gegensatz zum steinigen Strand in Nizza Ihr Badetuch auf grobem Sand ausbreiten. Durch den Kreuzfahrttourismus aber nicht ungestört. In Villefranche gibt es auch deswegen viele Geschäfte, die auf die Bedürfnisse der Touristen aber auch der Einheimischen ausgerichtet sind.

Antibes

340 v. Chr. von den Griechen gegründet, ist Antibes eine der ältesten Städte an der Côte d'Azur westlich von Nizza. Eine Festung hinter dem Hafen und drei Strände machen die Stadt, in die Napoleon von Elba aus floh, neben ihrer Geschichte interessant.

Hier befindet sich auch das Seewassermuseum „Marineland d'Antibes", das Picasso-Museum und ein Napoleon-Museum.

Cannes

Westlich von Cannes liegt das Esterel-Gebirge mit einer Steilküste aus Porphyr. An der mondänen Côte d'Azur ist Cannes das Sahnehäubchen. Hier finden jährlich im Mai die Filmfestspiele statt und Cannes mit 75.000 Einwohnern ist das Geschäftsreiseziel Nummer zwei in Frankreich - nach Paris. Mehr als die Hälfte der jährlich 2 Mio. Besucher sind Ausländer, es gibt sechs 5-Sterne-Hotels unter den über hundert Hotels.

Saint-Tropez

Bis ins 20. Jahrhundert war Saint-Tropez ein Fischerdorf, doch Anfang der 1950-er kamen viele Künstler, unter anderem Paul Signac und Henri Matisse, und verhalfen dem kleinen Ort zu ungeheurem

Aufschwung. Die „Baie de Pampelonne", der größte Sandstrand der Côte d'Azur, zieht bis heute viele Künstler und Prominente an.

WINTER KALT UND GRAU? HIER NICHT!

Das Wetter vermag keiner von uns zu beeinflussen, jedoch gibt es ja auch noch andere Dinge, die begeistern und für einen Traumurlaub sorgen können! Was halten Sie von Weihnachtsmarkt? Glühwein schlürfen in Nizza? Geht das ?

Nizza bietet im Winter gleich drei Gelegenheiten, die eine Reise wert sind.

Der Weihnachtsmarkt
Die einen sagen, wenn die Sonne scheint, sei er am schönsten, es wäre wie Weihnachten im Frühling. Andere meinen, am Abend im bunten Lichtermeer über den Markt zu bummeln, die vielen regionalen und kunsthandwerklichen Produkte zu bestaunen und den Kindern beim Eislaufen auf der eigens dafür aufgebauten Eisbahn zuzuschauen, das wäre noch schöner.

Toll ist natürlich, wenn man beides miteinander verbinden kann. Wenn man erst (mit Jacke) am

Strand die Sonne genießt und später am Abend das Weihnachtsdorf auf dem Place Massena besucht. Dort steht auch zu dieser Zeit immer ein großes Riesenrad. Der Ausblick lohnt sich bei Tag und bei Nacht.

Statt Glühwein oder Bratwurst, wie wir sie kennen, gibt es auf dem Weihnachtsmarkt in Nizza wohl eher Rotwein, Weißwein oder Sekt und Meeresfrüchte. Doch da Nizza die Partnerstadt von Nürnberg ist und schon des Öfteren ein kleiner „Christkindlesmarkt" im Weihnachtsdorf organisiert wurde, haben wohl auch schon einige Franzosen deutschen Glühwein probieren können. Allerdings gibt es eine französische traditionelle Alternative, den „Vin Chaud", den heißen Wein. Er ist auch bei den Franzosen sehr beliebt und den sollten Sie unbedingt probieren. Es handelt sich auch um einen gewürzten Wein, der von Region zu Region unterschiedlich ausfällt, ähnlich unserem Glühwein eben.

Silvester

Es lohnt sich, fremde Städte zu besuchen, wenn kaum ein anderer Tourist da ist. Das ist in Nizza in den Wintermonaten der Fall. Auch an Silvester dürften Sie nicht allzu viele Landesgenossen treffen. Stattdessen kann man mit den Einheimischen Sektkorken knallen lassen, am Strand, in einem

Restaurant oder in einer Bar.

Übrigens: Von 1793 bis 1805 in den Jahren der französischen Revolution war Silvester für die Franzosen am 22. September, dem Tag der Tag- und Nachtgleiche.

Karneval

Im Winter sind die Lichtverhältnisse an der gesamten Côte d´Azur besonders schön. Aber nicht nur das lockt im Februar doch so manchen Deutschen aus dem grauen kalten Winter in unserem Land nach Nizza. Alljährlich findet dann nämlich auch der berühmte Karneval, das spektakuläre Ereignis der Côte d´Azur, statt. Die Wagen sind nach einem bestimmten politischen Thema dekoriert und ganz besonders ist der Blumenkorso, der lange Tradition hat. Schon zu Beginn des letzten Jahrhunderts verteilten Mädchen Blumen an Karneval - zu Ehren der Blumenbauern und -verkäufer der Region.

Daraus ist im Laufe der Jahre ein riesiges Spektakel geworden, bei dem verkleidete Mädchen von verschiedenen Wagen eines Umzugs tausende von Blumen in die Menge werfen. Es schneit an Karneval in Nizza sozusagen Blumen! Der Karneval dauert eine Woche im Februar und es stehen Umzüge, auch beleuchtet bei Nacht, und kleinere Attraktionen wie Straßenkünstler und weiteres auf dem Programm.

Geschichte Nizzas

vor 1 Mio Jahre - 130.000 v. Chr.

Siedlungsstätte östlich von Nizza, nicht nur des Homo Erectus sondern auch der Neandertaler, wie Ausgrabungen in der Grotte du Lazaret bewiesen haben.

800 v Chr.

Die Ligurer siedelten bei Nizza und wurden ...

350 v. Chr.

... von den Griechen besiegt, die Nizza gründeten und es nach der Siegesgöttin Nike Nikaia benannten.

150 v. Chr.

Die Römer erobern Nizza und nennen es Nicaea.

508

Nachdem das römische Reich untergegangen ist, beherrschten die Ostgoten die Stadt bis ...

536

... die Franken die Ostgoten besiegten und die Macht übernahmen.

736 - 975

Immer wieder griffen die Sarazenen, ein arabisches Volk, Nizza an. Auch andere muslimische Völker kamen über den Seeweg und plünderten die Stadt immer wieder. Schließlich konnte Graf Wilhelm von der Provence sie vertreiben. Nachdem Nizza unter Grafschaft der Savoyen war und die Pestepidemie ...

1629

... überstanden hatte, schloss Nizza sich nach der französischen Revolution ...

1792

... Frankreich an.

1814

Nach der Niederlage Napoleons bei Waterloo fiel Nizza an Sardinien, 1860 jedoch nach einer

Volksabstimmung wieder an Frankreich zurück.

1864
Nizza wurde ans Eisenbahnnetz angeschlossen.

1942
Die Deutschen unter Adolf Hitler besetzten Nizza bis
...

1944
... die Alliierten Nizza befreiten.

1962
Wurde die Universität gegründet und ...

heute
... zählt Nizza 350.000 Einwohner.

Die 14 Stadtteile

Altstadt (Vieux Nice)

Der älteste Teil der Stadt, von den Griechen gegründet.

Les Baumettes

mit dem Musee des Beaux Arts und dem Muse des Arts Naifs.

Carabacel

Hier findet sich das Chagallmuseum.

Pasteur

mit Matisse-Museum und dem bekannten Friedhof Cimitiere de Cimiez

Cimiez

145 vor Christus gründeten die Römer Cimiez unter damaligem Namen Cemenelum, das erst später zum Stadtteil Nizzas wurde.

St-Barthélemy

ist das Viertel der Universität Nizzas.

Neustadt

Mit vielen Geschäften einer ganz normalen Großstadt

Riquier

Bahnhof Nice Riquier mit guten Verbindungen Richtung Monaco und Menton, hinter dem Hafen gelegen.

Thiers

Hier befindet sich der Gare Centrale, ein sehr schöner Bahnhof im Stil des 19.Jahrhunderts.

Le Port

Port Lympia mit Kreuzfahrtschiffen und Yachten wartet hier.

Quartier de la Buffa

Hier finden sich viele Gebäude der Belle Epoque.

Gambetta

Viele Hotels und Hostels, ein Zentrum der Stadt.

Medécin

Hier findet der Karneval auf dem Place Massena statt.

Libération

Hier finden Sie den „Marcheé de la Libération".

Vorurteile & Kurioses

Auch wenn Südfrankreich als luxuriös gilt und deswegen als teuer, werden Sie feststellen, dass es auch eine andere Seite hat als nur die der Yachten, Spielcasinos und Prunkvillen, die bestaunt werden möchten. Sicherlich verweilen hier viele Prominente, sicherlich gibt es hier aber genauso einen Platz für den, der nicht so viel Geld hat und letztendlich ist Nizza einfach eine tolle Stadt.

Jedoch gibt es auch Schattenseiten an dieser Stadt, die jeden blendet. Es gibt einen großen Unterschied zwischen Arm und Reich, denn natürlich hat nicht jeder Bewohner Nizzas eine Yacht im Hafen liegen. Unter den Reichen gibt es viel Korruption und Verbrechen, die Armen leben am Existenzminimum, Bettler werden oftmals aus der Stadt gekarrt und auf den Bergen ausgesetzt.

So wie deswegen fast jeder Einwohner ein Lenkradschloss am Auto hat, so kauft sich jeder Franzose sein tägliches Baguette in einer Boulangerie. Sage und schreibe 6,5 Milliarden Baguetten essen die Franzosen pro Jahr. Und dazu Käse, jeder im Schnitt 26 Kilo pro Jahr.

Noch mehr Termine...
Seit dem Jahr 2002 findet jährlich im Juni in Nizza der Ironman statt. Es gibt in diesem Triathlon-Wettkampf eine Kategorie für Frauen, eine für Männer. Teilnahme ist nach erfolgreicher Qualifikation möglich. Jedoch auch wenn Sie nicht selbst an den Start gehen möchten, ist dieser Wettkampf einen Ausflug wert. Schwimmen, Radfahren, Marathon! Wer wird dieses Mal Ironman oder -lady? Wer unterbietet die Zeit eines anderen oder die eigene? Seien Sie dabei, feuern Sie an und spüren Sie die Luft knistern!

Auch im Juni findet noch ein ganz anderes Fest in Nizza statt. Das Festival der Kirchenmusik, Festival de la Musique Sacrée, bietet Freunden der Orgelmusik ganz besondere Momente. Auch gesungen wird hier und meist ist die Partnerstadt Nürnberg mit Chören und Musikern auch vertreten. Die Auftritte finden statt in der Oper Nizzas und das seit 1974.

Das Jazz-Festival findet für Sie im Juli statt. Natürlich Open-Air in den Parks und Gärten von Cimiez und dem Place Massena und als Ältestes seiner Art seit 1948. Auch in anderen Stadtteilen finden Auftritte statt. Internationale Größen des Jazz waren schon dabei.

Die Theaterwoche im Oktober soll Künstler und Künstlerinnen der Region und Nizzas fördern und bekannt machen. So finden auf verschiedenen Bühnen Stücke für Erwachsenen, aber auch für Kinder statt.

Wenn Sie gerne joggen, ja wenn Sie gerne Marathon laufen, kommen Sie doch im Oktober nach Nizza, denn da findet der Marathon des Alpes-Maritimes statt. Auf der Strecke, die im Gesamten an der Küste entlangführt, erleben Sie die Schönheit des Herbstes an der Côte d´Azur. Als einer von 15.000 Teilnehmern kommt bestimmt ein Hochgefühl auf, wenn Sie die Strecke von Nizza nach Cannes laufen. Für die Rückfahrt können Sie zwischen Zug und Bus wählen (beide kostenpflichtig) .

Und nun noch ein Fest, das sehr besonders ist, das Festival du Cirque de Monte-Carlo. Es findet im Januar zwar nicht in Nizza statt, aber die Reise nach Monaco ist, wie anfangs beschrieben, sehr lohnenswert und das Festival ist es allemal.

Ob Clowns, Akrobaten oder Dompteure, bei diesem von Fürst Rainer 1974 gegründeten Fest reisen sie alle aus der ganzen Welt an und zeigen ihre Kunst. Es wird der goldene, silberne und bronzene Clown verliehen und seit 2012 gibt es eine eigene Riege für junge Künstler und Künstlerinnen, von denen einer zum eigentlichen Festival eingeladen wird. Insgesamt gibt es an die 40 verschiedenen Preise.

CHARLOTTE POTH

Nachwort

Ich hoffe, Ihnen mit diesem Reiseführer der etwas anderen Art einen Einblick in die Möglichkeiten, die sich jedem in Nizza bieten, gegeben zu haben und Ihnen auf einen Urlaub an der Côte d´Azur Lust gemacht zu haben!

Ich selbst war als Kind jedes Jahr zu Ostern im kleinen Ort Cap-Martin. Es waren traumhafte Ferien und es sind wunderbare Erinnerungen, die ich daran habe.

Nizza habe ich oft besucht, zuletzt 2018. Ich war für eine Woche dort und viele der Eindrücke dieses Urlaubs liegen dem Geschriebenen zu Grunde. Vieles kenne ich aber auch aus Erzählungen von Freunden oder Verwandten. Nizza lohnt sich auch für den kleinen Geldbeutel! Sie werden erstaunt sein, was man dort alles machen kann.

Wenn Sie für jeden Tag mit 50-100 Euro, zusätzlich zu Anreise und Übernachtung, rechnen, werden Sie einen unvergesslichen Urlaub verbringen.

Packliste

Geld & Finanzen

O (evtl.) Auslandswährung
O Bargeld
O Bauchtasche
O Brustbeutel
O Bauchtasche
O EC-Karte
O Kreditkarte
O Notfall-Telefonnummern der Banken
O Portmonee

Hygiene

O Haarbürste / Kamm
O Deo (klein)
O Shampoo
O Kulturtasche
O Sonnencreme

O Taschentücher

O Reise-Zahnbürste und Zahnpasta

O Verhütungsmittel

Kleidung

O Badeklamotten

O Gürtel

O Hosen kurz / lang

O Mütze / Cap / Hut

O Pullover

O Regenjacke

O Schlafanzug

O Socken

O Sonnenbrille

O Sportklamotten / Jogginghose

O T-Shirts

O Unterwäsche

Medikamente

O Blasenpflaster

O Anti-Durchfalltabletten

O Erste-Hilfe-Set

O Fiebertabletten

O Fiebertabletten

O Mückenschutz

O sonstige Medikamente

O Pflaster

O Kopfschmerztabletten

Unterlagen & Papiere

O ADAC Unterlagen

O Adresslisten für Postkarten

O Krankversicherungsnachweis

O Stadtplan

O Führerschein

O Unterlagen für die Unterkunft

O Wasserdichte Hülle für Reiseunterlagen

O Impfausweis

O Mietwagenunterlagen

O Personalausweis

O Reisepass

O Reisetagebuch

O evtl. Studentenausweis
O evtl. Visum
O Zug- / Bahn- / Flugticket

Taschen & Rucksäcke

O Koffer / Trolley / Reisetasche
O Regenhülle für Rucksack
O Rucksack

Schuhe

O Badeschlappen / Hausschuhe
O Schuhe und Wechselschuhe

Sonstiges

O Brille / Kontaktlinsen und Etui
O Buch zum Lesen
O Ohrenstöpsel und Schlafmaske
O Regenschirm
O Reisedecke
O Wasserflasche

O Wörterbuch

Elektronik

O Digitalkamera
O Handy
O Ladekabel
O Kopfhörer
O evtl. Steckdosenadapter
O Power-Bank

Herstellung und Verlag:

BoD – Books on Demand, Norderstedt

ISBN: 9783750498440

1. Auflage

Kontakt: Psiana eCom UG/ Berumer Str. 44/ 26844 Jemgum

Covergestaltung: Fenna Larsson

Coverfoto: depositphotos.com